8° Ya
231

(La Pléiade. 7e livr.)

SÂVITRÎ.

IMPRIMERIE
SCHNEIDER ET LANGRAND,
rue d'Erfurth, 1.

SÂVITRÎ

ÉPISODE

DU MAHABHARATA,

GRANDE ÉPOPÉE INDIENNE

TRADUIT DU SANSKRIT

PAR M. G. PAUTHIER.

PARIS,
L. CURMER,
RUE DE RICHELIEU, 49, AU PREMIER.

M DCCC XLI.

A légende qui suit forme un des nombreux épisodes du grand poëme épique sanskrit intitulé *Mahâbhârata,* épopée colossale qui renferme plus de deux cent mille vers, et dont l'antiquité doit approximativement remonter à l'âge des épopées homériques. L'auteur présumé de ce poëme,

ou celui auquel les Indiens l'attribuent, est VYASA, dont le nom sanskrit signifie *compilateur*, et auquel ils attribuent aussi la composition ou plutôt la rédaction des *Pourânas*, et même des *Védas*, les anciennes Écritures indiennes; ce qui l'a fait surnommer VÊDA-VYASA. Ce grand poëte des temps antéhistoriques de l'Inde (l'histoire un peu suivie de l'Inde ne commence guère qu'à l'époque de la domination musulmane ; tous les temps qui l'ont précédée sont encore enveloppés d'épaisses ténèbres, à l'exception de quelques points lumineux que l'érudition moderne a déjà dévoilés à nos regards); ce grand poëte, dis-je, en considérant les immenses compositions qu'on lui attribue, ne peut être qu'une ancienne personnification du génie poétique indien qui a exploré dans tous les sens les plus vastes domaines de l'imagination et de la pensée humaine, à tel point que l'on est porté à se demander si ces monuments gigantesques de la langue sanskrite, qui nous apparaissent maintenant, ne sont pas les produits d'une civilisation qui a disparu de la surface de la terre, comme ces races d'animaux également gigantesques dont on a aussi récemment découvert les débris.

Quoi qu'il en soit de ces impressions, que ce n'est pas ici le lieu de discuter, la grande épopée indienne d'où l'épisode de SÂVITRÎ est tiré offre le tableau le plus complet, le plus vaste, le plus merveilleux des mœurs d'une nation et d'une époque les plus merveilleuses du monde. L'*Iliade* et l'*Odyssée* d'Homère, l'*Énéide* de Virgile, sont encore considérées de nos jours comme des chefs-d'œuvre qu'il n'a pas été donné aux génies poétiques de tous les âges et de toutes les nations de surpasser, ni même d'égaler; mais ces compositions, tout admirables qu'elles sont, pâlissent devant les grandes épopées indiennes, comme le Pinde et les Sept Collines devant l'Himâlaya. Il faut que la nature au sein de laquelle il vit, que les phénomènes qui frappent journellement ses regards, que son éducation et ses croyances, aient une bien grande influence sur la pensée et le génie de l'homme, pour mettre une si grande différence dans ses œuvres les plus sublimes. Les productions de la nature, comme celles de l'homme, seraient-elles soumises aux mêmes lois dans les mêmes limites du temps et de l'espace?

Le sujet principal du *Mahâbhârata* est une guerre civile entre les *Kauravas* ou fils de KOUROU, et les *Pandavas* ou fils de PANDOU, deux branches collatérales de la race *lunaire*, pour la possession du trône de l'Inde. Ce poëme est divisé en dix-huit Livres ou Sections principales d'une longueur très-inégale, qui sont subdivisées en un certain nombre de Lectures, lesquelles se subdivisent encore en Chapitres et en Épisodes, comme celui de SÂVITRÎ. Le merveilleux, mais le merveilleux de la vaste mythologie indienne, joue un grand rôle dans le poëme; l'intervention des dieux en faveur de certains héros, de certains personnages, y est très-fréquente. Dans l'Introduction, qui ne ressemble à rien de ce que nous connaissons des épopées européennes, le Dieu Brahma, s'adressant à l'auteur du poëme, s'exprime ainsi :

« Dans le corps entier des anachorètes
« les plus célèbres par leurs austérités et
« la sainteté de leur vie, je te considère
« comme le plus distingué pour la connais-
« sance des divins mystères. J'ai connu la
« composition métrique dans laquelle, en
« parlant toujours le langage de la vérité,
« tu as révélé le divin monde depuis sa pre-
« mière manifestation. Tu as appelé cette
« composition métrique : *composition in-
« spirée, poëme* (*kâvyam*) ; c'est pour cela
« qu'elle sera et restera une *composition
« inspirée, un poëme*. Il n'a été donné à
« aucun poëte d'égaler les descriptions

« variées, et les peintures de mœurs domes-
« tiques dont il est rempli¹. »

En effet, nul poëme ancien ou moderne, nulle conception humaine ne peut être comparée, pour la variété et l'étendue, à la grande épopée indienne. La fameuse guerre de Troie est bien chétive en comparaison des grandes guerres des *Bharatides,* et l'Olympe grec, tout brillant qu'il est dans Homère, ne peut également se comparer à la cour céleste des dieux indiens nommés *Lokapâlas* ou *gardiens des mondes.* Dans l'é-

---

¹ Brahmâuvatcha :

« Tapôviçichtâd api vai viçichtât munisamtchaỳât,
« Manyê çrêchtataram tvâm vai rahasyadjnânavêdanât.
« Djanmaprabhṛïti satyântê vêdmi gâm Bhramavâdinim,
« Tvayâ tcha kâvyam ityuktam tasmât kâvyam bhavichyati.
« Asya kâvyasya kâvayô na samarthâ viçêchanê ;
« Viçêchanê grihasthasya çêchâstraya ivâçramâh.

(*Mahâbhârata,* t. I, p. 5. *Slokas* 71-75. Édition de *Calcutta,* 1834.)

popée de VYASA, tout est conçu dans des proportions si gigantesques pour nous, que notre esprit en est souvent confondu d'étonnement et de surprise.

Parmi les nombreux épisodes du poëme, d'une nature extrêmement variée, et dont les uns, comme celui de NALA et DAMAYANTÎ[1], offrent une curieuse peinture des mœurs indiennes ; dont d'autres, comme l'enlèvement de DRAUPADÎ[2], nous représentent une femme héroïque, bien autrement grande qu'Hélène, restant fidèle aux cinq frères dont elle est l'unique épouse; dont d'autres enfin, comme la *Bhâgavad-Gîtâ*

---

[1] Publié en sanskrit avec une version latine par M. Bopp. Londres, 1819, et Berlin, 1832.

[2] Le texte sanskrit a été publié par le même professeur avec celui de *Sâvitrî*. Berlin, 1829. Nous en avons aussi fait une traduction qui sera publiée dans cette collection.

ou le *Chant divin*[1], nous révèlent tout ce que la pensée humaine a jamais conçu de plus grand, de plus solennel et de plus sublime; parmi les nombreux épisodes de ce poëme, dis-je, celui de SÀVITRI brille comme une étoile chaste et pure dans un ciel orageux, comme un diamant sans tache dans une riche parure. SÀVITRI est le plus beau modèle qui ait jamais été présenté du dévouement conjugal. Cette conception n'a aucun analogue dans les épopées les plus célèbres, et le peuple auquel elle appar-

---

[1] Ce magnifique et sublime poëme philosophique, le premier de l'immense littérature sanskrite que la science européenne ait révélé à l'Europe, a été traduit en anglais par Ch. Wilkins (1785). Le texte sanskrit a été imprimé à part à Bonn, en 1823, avec une version latine par M. G. de Schlegel. Celui qui écrit ces lignes en prépare une traduction française. Nous ne craignons pas d'affirmer qu'il n'existe dans aucune langue de composition qui puisse lui être comparée.

tient, ainsi que l'époque à laquelle elle remonte, la rendent encore plus frappante. Il est vrai que, dans l'Inde, le dévouement de l'épouse pour son mari, qu'elle appelle toujours *son seigneur* (*pati*), *son nourricier, son soutien* (*bhartri*), est porté, dès les temps les plus reculés, à sa plus haute expression, on pourrait presque dire jusqu'à la barbarie, par le sacrifice volontaire de la veuve sur un bûcher après la mort de son époux, auquel elle ne veut pas survivre. Mais ce dévouement n'est pas réciproque. Nous devons même dire que dans la légende de SÂVITRÎ, ce type si admirable et si pur du dévouement et de l'amour conjugal, le caractère de SATYAVAN ne répond pas à celui de la jeune femme ; c'est l'amour filial qui domine dans le jeune homme, comme d'ailleurs il domine dans les mœurs de toutes les grandes nations orientales anciennes et modernes.

Le texte sanskrit de l'épisode de Sâvitrî, publié pour la première fois par M. Bopp[1], se trouve dans le troisième *Livre* du *Mahâbhârata*, page 804 et suivantes, édition de *Calcutta*. Le texte de cette dernière édition, faite par des pandits de l'Inde, diffère peu de celui donné par M. Bopp, que nous avons suivi de préférence. Nous nous sommes attaché à le rendre en français avec la plus scrupuleuse exactitude, sans nous permettre d'y ajouter ni d'en retrancher la moindre idée, ni même une nuance d'idée, afin que la légende indienne

---

[1] Berlin, 1829. Le même savant professeur de sanskrit en a publié depuis une traduction en allemand.

apparaisse au lecteur avec toute sa naïveté et sa simplicité primitives. Les dessins même qui l'accompagnent, ainsi que l'encadrement, ont été copiés fidèlement sur ceux du *Bhâgavata-Pourâna*[1], conservé à la Bibliothèque royale de Paris, lequel est un chef-d'œuvre de calligraphie et de miniature indiennes. Dans tous les ornements qui accompagnent cette traduction, l'artiste s'est inspiré de l'art indien, afin que le lecteur européen pût trouver réunies, dans ce court épisode d'une grande épopée, quelques traces de l'art et de la poésie de l'une des plus anciennes, des plus merveilleuses et des plus poétiques nations de l'Orient !

[1] M. E. Burnouf, professeur de langue et de littérature sanskrites au Collége de France, l'un des plus savants indianistes de l'Europe, a entrepris de donner une édition critique de ce Pourâna, avec une traduction française.

SÀVITRÎ.

PREMIER CHANT

MARKANDÉYA (s'adressant au roi YOUDHICHTIRA) lui dit : — Écoute, ô roi ! le récit de toute la félicité, de la faveur la plus inouïe à laquelle les plus sages des femmes puissent aspirer, et qui fut obtenue par SÂVITRÎ, la fille royale.

Il y avait dans *Madras* un roi ami de la justice, plein de vertus, pieux, hospitalier, fidèle à ses promesses et exerçant un grand empire sur ses sens ; accomplissant les sacrifices prescrits ; le père des pauvres ; droit, aimé des villes et des villages de son royaume, prince du nom d'ASVAPATI, heureux du bonheur de tous les êtres ; tolérant, privé d'enfants, véridique, ayant les sens domptés, très-avancé en âge, et pour cela affligé de sa vieillesse stérile. Cet excellent roi observait toutes sortes de privations dans l'espoir d'obtenir une postérité par ses mérites ; limitant sa nourriture, vivant dans une abstinence plus chaste que celle d'un *Bramatchârî* (qui se voue au célibat pour étudier les écritures védiques) ; il offrit plus de cent mille sacrifices à la déesse SÂVITRÎ, ne prenant des aliments qu'une fois par jour.

Il passa dix-huit ans dans ces austérités ; mais à la fin de la dix-huitième année, la déesse SÂVITRÎ lui fit éprouver une grande joie. Elle apparut à ce prince sous une forme corporelle, sortant du feu du sacrifice et étincelante d'allégresse. Alors cette déesse, qui exauce les vœux, tint ce discours au monarque :

— La pratique de la chasteté, de la pureté, des austérités et des mortifications auxquelles tu t'es livré, ainsi que les hommages que tu m'as adressés, m'ont satisfaite, monarque de la terre ! Choisis une faveur, ASVAPATI, roi de Madras ! choisis-la selon tes désirs, mais prends garde de commettre une faute contre la vertu.

— Pour obtenir de la postérité, répondit ASVAPATI, j'ai commencé des expiations, je me suis adonné à la prati-

que de la vertu ; que des fils nombreux, souche de nombreuses familles, me soient accordés, ô déesse ! Si ce vœu te plaît, c'est celui que je forme, c'est la faveur que je choisis, car avoir de la postérité est une haute vertu : voilà ce que m'ont dit les Brâhmanes deux fois nés.

— O roi ! répliqua la déesse SÂVI-TRÎ, déjà je connaissais le vœu que tu formes pour obtenir de la postérité, et j'en ai déjà instruit le grand Ancêtre des créatures; ainsi, pour l'accomplissement de cette faveur que t'a accordée CELUI qui existe par lui-même, une jeune fille, toute resplendissante de beauté et de grâces, te naîtra bientôt; mais tu ne dois parler de cette faveur à personne ; je suis venue pleine de joie te l'annoncer par l'ordre du grand Ancêtre de toutes les créatures.

J'agirai ainsi, lui répondit le roi, charmé du discours de la déesse SÂVI-TRÎ; et il l'interpella encore par ces mots suppliants : *Puisse-t-elle me naître bientôt !*

SÂVITRÎ ayant disparu à ses regards, il s'en retourna dans son palais ; et, satisfait des paroles de la déesse, il resta dans son royaume en gouvernant ses peuples selon la justice. Mais quelque temps s'étant écoulé, le roi, dont le vœu était accompli, fit concevoir son épouse, la femme la plus fidèle à ses devoirs et la plus accomplie de toutes les femmes. Le fruit que MALAVÎ portait dans son sein crut rapidement, comme dans le ciel pur apparaît le prince des étoiles. Et lorsque le temps fut venu elle accoucha d'une fille aux yeux de lotus; et le roi, joyeux d'être père, s'acquitta avec transport des devoirs de l'accouchement. Donnée par la déesse SÂVITRÎ, offerte à SÂVITRÎ, la jeune enfant fut nommée SÂVITRÎ par les Brâhmanes et par son père.

Belle comme LAKCHMÎ, déesse de la fortune, la jeune fille grandit comme elle, et avec le temps elle devint nubile. En voyant sa taille élancée, ses formes arrondies et semblables à l'or, les hommes se disaient : Elle est presque aussi belle qu'une fille des dieux!

Et cependant nul jeune homme frappé de sa beauté ne la choisissait pour femme, la jeune fille aux yeux de lotus, et comme brûlante par l'éclat de sa jeunesse! Alors, s'étant arrosé la tête, elle s'approcha d'un endroit consacré aux dieux, et après avoir offert un holocauste de feu, selon les rites prescrits, elle s'entretint longtemps avec les Brâhmanes. Lorsqu'elle eut recueilli les fleurs qui avaient été offertes aux dieux, elle s'en vint près de son père, belle comme la déesse LAKCHMÎ. Arrivée auprès de lui, elle s'inclina à ses pieds et lui présenta les fleurs offertes aux dieux. Elle se tint là, la belle jeune fille à la taille élancée, les mains jointes, debout à côté du souverain des hommes.

Le souverain des hommes, voyant sa fille parvenue à l'âge nubile, belle comme une déesse, et non demandée en mariage par les héros, fut pénétré de douleur.

— Ma fille, lui dit-il, le temps est venu pour toi de te donner en mariage, et personne ne te demande ! Cherche-toi un époux qui te ressemble par ses vertus et ses qualités. Fais-moi connaître l'homme que tu désireras avoir pour mari, et je te le donnerai ; choisis selon tes affections ; car écoute ce que j'ai appris dans les livres religieux et ce que j'ai entendu de la bouche des Brâhmanes : .

« Le père qui ne donne pas sa fille en mariage est blâmable ; blâmable est l'époux qui ne s'approche pas de son épouse ; quand l'époux est mort, blâmable est le fils qui ne se fait pas le protecteur de sa mère. »

Après avoir entendu ces paroles de ma bouche, mets-toi à la recherche d'un mari ; agis ainsi pour que je ne sois pas blâmé par les dieux.

Lorsqu'il eut ainsi parlé à sa fille, en lui rappelant les conseils des anciens sages, le roi lui ordonna de prendre tous ses équipages de voyage, et il la congédia en disant : Va ! Mais la jeune fille se précipita aux pieds de son père, tout émue de pudeur et de piété, et, obéissant à sa parole, elle partit sans faire aucune observation.

Étant montée sur un char d'or, et entourée d'anciens conseillers, la jeune fille se dirigea vers les retraites désertes des anachorètes et des anciens sages, situées au milieu des forêts. Arrivée dans ces ermitages, elle s'inclina devant les sages vénérables qui les habitaient ; elle parcourut tous les bosquets qui leur servaient de retraites, et visita les étangs consacrés où les religieux vont se purifier de leurs souillures, distribuant des présents aux plus distingués des Brâhmanes.

Voilà le premier chant de l'épisode de SÂVITRÎ.

DEUXIEME CHANT

Le souverain de Madras, près de qui NÂRADA était venu, s'assit dans la salle la plus brillante de son palais pour s'entretenir avec cet hôte céleste. Ensuite, après avoir visité tous les étangs consacrés et les retraites solitaires des anachorètes, SÂVITRÎ revint avec ses conseillers dans la demeure de son père. La belle jeune fille l'ayant vu assis auprès de NÂRADA, elle les salua tous deux en inclinant sa tête jusqu'à leurs pieds.

— Où était donc allée ta fille, dit NÂRADA au roi de Madras, et d'où vient-elle en ce moment? Pourquoi aucun mari ne choisit-il cette jeune fille nubile pour épouse?

— Je l'avais envoyée voyager pour cet objet, lui répondit ASVAPATI, et elle est de retour en ce moment. C'est pourquoi, ô divin sage! écoute quel est celui qu'elle a choisi pour époux. Et s'adressant à sa fille : Raconte-nous ce sujet tout au long. Et la belle jeune vierge, sur l'invitation de son père, s'exprima ainsi, avec des expressions toutes célestes :

— Il y avait dans *Salva* un roi plein de vertus, de la race des *Kchatriyas* (ou guerriers), appelé DYOUMATSÊNA, qui devint aveugle avec l'âge. Dans ce triste état de cécité, père d'un jeune fils adolescent et bien que toujours cultivant la sagesse, un ancien ennemi voisin lui enleva son royaume. Alors il se retira dans la forêt avec son épouse la mère du jeune enfant; et parvenu dans le grand désert, il se livra à de dures austérités pour accomplir un grand vœu.

Son fils, né dans la ville de *Salva*, et qui a grandi dans la forêt des Pénitents, est SATYAVÂN, *le jeune homme véridique,* semblable à moi par sa forme. Qu'il soit mon époux! ai-je dit en moi-même, c'est le choix de mon cœur.

— Ah! malheur! malheur! s'écria NÂRADA; SÂVITRÎ a fait une grande faute à son insu, ô prince des hommes, si elle a choisi pour époux le vertueux SATYAVÂN! Le père de ce jeune homme dit la vérité, sa mère dit la vérité ; c'est pourquoi les Brâhmanes ont donné au fils le nom de *Satyavân,* véridique. Ce jeune homme a d'excellents chevaux ; il les aime tant qu'il en façonne avec de l'argile ; il en dessine aussi de plusieurs couleurs; c'est pourquoi on le nomme également *Tchitrâçva,* habile à dresser les chevaux.

— Ce fils royal, dit le souverain de Madras, est-il glorieux, instruit et sage? SATYAVÂN, l'amour de son père, est-il patient et héroïque?

— Il est glorieux comme le Soleil qui vivifie tous les êtres, répondit NÂRADA; il est instruit et sage comme VRIHASPATI; il est héroïque comme MAHÉNDRA; et il est patient comme la terre.

— Mais ce fils de roi est-il bienfaisant, religieux, et véridique aussi ? Est-il beau, magnifique, libéral et d'un aspect agréable ?

— Il est dans sa perfection, et, par sa propre nature, semblable au dieu de l'amour, répondit NÂRADA ; il est religieux aussi et véridique comme SIVI, fils d'OUSÎNARA. Il est magnifique et libéral comme YAYÂTI, et d'un aspect agréable comme la lune. Quant à sa forme, il ne serait pas surpassé par les deux AÇWINS [1] le vaillant fils de DYOUMATSÉNA.

Ce jeune homme calme, doux, ce héros aux sens domptés, sincère, bienveillant, ne prononçant jamais d'imprécations, est constant dans ses promesses, ferme et persévérant dans ses résolutions. Il est doué d'une droiture invariable, d'une fermeté et d'une fidélité parfaites, et il sera bientôt mis au nombre des plus célèbres pénitents anachorètes et des sages les plus vertueux.

— Tu m'as dépeint ce jeune homme avec toutes ses qualités, dit le roi de Madras au divin sage ; fais-moi connaî-

---

[1] Deux frères jumeaux d'une beauté merveilleuse, médecins célestes nés du dieu Soleil et de la nymphe *Açwinî*, selon la mythologie indienne.

tre maintenant ses défauts, s'il en a quelqu'un.

— Il a un défaut qui est associé à toutes ses qualités, et ce défaut ne peut être surmonté ou évité par aucun effort possible.

Nul autre défaut n'est en lui ; dans un an, à compter de ce jour, Satyavân, ayant atteint le terme de sa vie, perdra sa forme corporelle.

Le roi, s'adressant à sa fille, lui dit : — Va, Sâvitrî, va, ma belle, faire un autre choix. Le jeune homme que tu as choisi a un défaut, un seul, mais qui est associé à toutes ses qualités ; comme vient de me le dire le bienheureux Nârada, semblable aux dieux, dans un an, à compter de ce jour, ce jeune homme, ayant atteint le terme de sa vie, perdra sa forme corporelle.

— On ne subit qu'*une fois* sa destinée, dit Sâvitrî ; une jeune fille ne se marie qu'*une fois ; une seule fois* son père lui dit : *Je te donne !* Voilà les trois *une fois* des personnes de bien.

Qu'il ait une vie longue ou qu'il ait une vie courte, qu'il soit doué de qualités ou qu'il n'en ait pas, une fois qu'un époux a été choisi par moi, je n'en choisis pas un second.

Une fois que j'ai pris une résolution

dans mon esprit, alors mes paroles y répondent ; cette résolution s'accomplit ensuite par mes actions, dont mon jugement est l'arbitre.

— Ferme est l'esprit de SÂVITRÎ, ta fille, dit NÂRADA au roi, et il n'est personne qui puisse la détourner de cette vertueuse résolution. Les qualités de SATYAVÂN ne sont possédées par nul autre que par lui ; c'est pourquoi son mariage avec ta fille me plaît.

— Le discours véridique que tu viens de me tenir ne peut être réfuté, lui dit le roi ; je ferai ce mariage. Ainsi donc, toi, ô bienheureux NÂRADA ! tu es mon conseiller dans cette affaire.

— Que les fiançailles de ta fille se fassent sans troubles, lui répondit NÂRADA ; je satisferai à tes désirs. Soyez tous heureux ! je m'en retourne maintenant.

Ayant ainsi parlé, NÂRADA se levant s'en alla dans le triple ciel, et le roi s'occupa des noces de sa fille.

Voilà le second chant de l'épisode de SÂVITRÎ.

TROISIÈME CHANT

Le roi pensait aux préparatifs des noces de sa jeune fille, et il se fit apporter tous les objets propres à la cérémonie. Ensuite prenant avec lui tous les anciens Brâhmanes, les prêtres et les sacrificateurs, il offrit avec eux un sacrifice au jour pur et il partit avec sa fille [1].

Étant arrivé dans la forêt *Mêdhya*, le roi des hommes se rendit à pied à l'ermitage de DYOUMATSÊNA, accompagné des Brâhmanes et des sages royaux. Là, il vit assis, sous l'arbre *sâla*, sur un banc d'herbe *kouça*, le prince magnanime privé de la vue. Le roi de Madras, ayant fait ses respectueuses salutations aux sages royaux, d'après les rites prescrits, se fit humblement connaître par ses paroles.

Le vertueux anachorète ayant offert au roi le don nommé *argha* [2], le siége

---

[1] Édition de Calcutta.
[2] Don honorifique que l'on offre aux dieux et aux hôtes distingués, consistant en huit choses : en riz, en herbe sacrée nommée *dourwa*, en fleurs, en eau dans un petit vase, etc.

et la place pour s'asseoir : — « Quel est l'objet de ta visite? Pourquoi es-tu venu ici? furent les paroles que le royal ermite adressa au roi de Madras.

Celui-ci l'instruisit tout au long du désir qu'il avait de contracter une alliance avec lui, et de ses desseins sur SATYAVÂN.

Il lui dit : — Voici ma SÂVITRÎ, ma belle jeune fille : ô sage royal! prends-la d'après ses qualités pour ta fille, ô toi qui es doué de vertus!

DYOUMATSÊNA lui répondit : — Privés de notre royaume, réfugiés dans la demeure des bois, nous pratiquons les devoirs d'une austère pénitence.

Comment ta fille, digne d'habiter un palais superbe, pourrait-elle supporter les privations et les austérités de cet ermitage ?

— Ma fille ainsi que moi, répliqua Asvapati, roi de Madras, a déjà connu le plaisir et la peine, la possession et la privation ; une telle parole de reproche ne me convient point. Je suis venu te demander ton fils avec une ferme résolution, ô prince ! Tu ne dois pas détruire mes espérances, à moi qui suis venu te saluer avec amitié ; tu ne peux me renvoyer ainsi, moi qui suis venu vers toi par affection. Tu dois être mon égal et mon allié, comme moi le tien ; prends pour ta bru ma jeune fille, afin qu'elle soit l'épouse de l'excellent Satyavân.

— Il y a déjà longtemps, lui répondit Dyoumatséna, que je désirais une alliance avec toi ; mais je suis privé de mon royaume, réfléchis bien à cela.

Le désir le plus cher que je nourrissais en moi-même depuis longtemps, c'était de m'en retourner avec toi aujourd'hui ; car tu es mon hôte désiré.

Les deux rois ayant ensuite réuni tous les Brâhmanes qui habitaient l'ermitage, ils célébrèrent le mariage solon les rites prescrits. Et après que VRIHASPATI, roi de Madras, eut ainsi donné sa fille avec un digne cortége, il s'en retourna à son palais, le cœur rempli d'une grande joie.

Mais SATYAVÂN étant entré en possession de cette jeune épouse douée de toutes les vertus, se réjouit ; et elle se réjouit aussi de posséder un époux qu'elle avait désiré dans son cœur.

Son père étant parti, elle se dépouilla de tous ses ornements royaux, et elle se couvrit de vêtements faits d'écorce d'arbre, d'une couleur rouge. Et par ses qualités prévenantes, sa modestie, son empire sur elle-même, ainsi que par ses soins à prévenir les désirs de tous, SÂVITRÎ s'attira l'amitié des nombreux habitants de l'ermitage.

Elle réjouit sa belle-mère par les soins de son corps, et les autres qualités d'une jeune femme ; elle réjouit son beau-père par sa piété envers les dieux, ainsi que par sa retenue de paroles ; et par la douceur de son langage, le charme de sa voix, son adresse, sa sérénité d'âme, et tous les petits soins de la vie, elle réjouit le cœur de son époux.

Ainsi s'écoulait le temps au sein de l'ermitage pour les vertueux pénitents qui l'habitaient. Mais SÂVITRÎ devint triste : debout le jour et la nuit, elle ne cessait de repasser dans son esprit les paroles de NÂRADA.

Voilà le troisième chant de l'épisode de SÀVITRÎ.

QUATRIEME CHANT

Le temps déterminé allait s'écouler ; le jour s'approchait où SATYAVÂN devait mourir.

SÂVITRÎ comptait ce temps jour par jour : les paroles prononcées par NÂRADA roulaient incessamment dans son esprit. *Au quatrième jour il doit mourir !....* ainsi se disait à elle-même l'excellente jeune femme. Et elle resta debout trois jours et trois nuits par vœu de pénitence pour sauver son époux.

Ayant connu ce vœu de pénitence, le roi en fut vivement affligé, et s'étant levé, il dit à SÂVITRÎ ces consolantes paroles :

— La tâche que tu t'es imposée est bien dure, bien pénible, ô fille du roi de Madras. Rester debout trois nuits sans dormir est une action extrêmement difficile à accomplir.

— Tu ne dois point t'affliger, lui répondit SÂVITRÎ, j'accomplirai cette pénitence, car ma résolution en est prise, et son accomplissement est le but de ma vie.

— Je ne puis te dire, lui répliqua DYOUMATSÊNA, de rompre ton vœu; cela est loin de ma pensée; il me convient au contraire de te recommander de le remplir.

Ayant ainsi parlé, DYOUMATSÊNA à l'âme élevée se tut; mais SÂVITRÎ, restant debout et immobile, ressemblait à un pieu inanimé.

La veille de la mort de son époux arriva, et la nuit s'écoula dans la douleur pour SÂVITRÎ, toujours immobile et debout. *C'est aujourd'hui le jour fatal*, se dit-elle ; et elle fit aussitôt un sacrifice à AGNI, dieu du feu, le dévorateur des sacrifices. Ensuite la matinée de ce jour commença avec le lever élémentaire et périodique du soleil.

Alors la pénitente SÂVITRÎ s'inclina devant tous les vieux Brâhmanes, devant sa belle-mère et son beau-père, tenant les mains jointes, dans la posture d'une suppliante.

Remplis de compassion en faveur de la belle SÂVITRÎ exposée à un prochain veuvage, tous les religieux qui habitaient la forêt de la pénitence firent pour elle des vœux et des prières.

Ainsi soit-il ! C'est ainsi que SÂVITRÎ, absorbée dans la méditation, reçut dans son esprit les paroles et les prières des pénitents. Chaque heure, chaque moment que la fille royale voyait s'écouler, se rappelant les paroles de NÂRADA, elle se livrait à la plus vive douleur.

Alors le beau-père et la belle-mère de SÂVITRÎ parlèrent avec attendrissement à cette fille royale qui se tenait isolée et debout : — Le vœu que tu as formé est complétement rempli par toi ; le temps de prendre de la nourriture est venu. Prends-en sans délai.

Sàvitrî leur répondit : — Lorsque le soleil aura disparu, je prendrai de la nourriture, mon vœu étant accompli. J'ai arrêté cette résolution dans mon cœur, je ne m'en écarterai pas.

Sàvitrî ayant ainsi parlé au sujet de la nourriture, Satyavàn prit une hache sur ses épaules pour se rendre dans la forêt. Mais Sàvitrî dit à son mari : — Tu ne dois pas aller seul couper du bois dans la forêt ; je t'accompagnerai, car je ne puis vivre sans toi.

Satyavàn lui répondit : — Jusqu'à ce jour tu n'es pas encore venue dans la forêt ; les chemins te seront très-pénibles. Affaiblie par le jeûne et l'abstinence, comment pourrais-tu m'accompagner à pied ?

— Je ne suis point affaiblie par le jeûne et l'abstinence, lui répliqua Sàvitrî, et je n'éprouve point de lassitude. J'ai assez de force pour la marche : tu ne dois pas m'empêcher de t'accompagner.

— Si tu as assez de force pour la marche, lui dit Satyavàn, je ne te refuserai pas ce plaisir. Prends congé de mes instituteurs religieux, afin qu'aucune faute ne retombe sur moi.

SÂVITRÎ s'inclina, et elle parla en ces termes à son beau-père et à sa belle-mère, la jeune fille résolue : — Mon mari s'en va dans la grande forêt chercher des fruits ; je désirerais moi-même, avec la permission de mon beau-père et de ma belle-mère, aller avec lui dans la forêt ; car je ne pourrais supporter notre séparation. Votre fils sera accompagné du chef des sacrifices sacrés, qui n'est pas absent ; s'il était absent, il se rendrait près de lui d'un autre point de la forêt. Il y a presqu'un an que je ne suis sortie de l'ermitage ; ce sera pour moi une grande joie de voir les arbres fleuris de la forêt.

— Depuis que SÂVITRÎ a quitté la maison de son père pour habiter avec nous comme notre belle-fille, dit DYOUMATSÊNA, je ne me rappelle pas qu'elle ait exprimé aucun désir, aucun souhait. C'est pourquoi accordons-lui la faveur qu'elle demande ; mais, ma fille ! ne t'écarte pas avec SATYAVÂN du chemin que vous devez suivre. —

La jeune et glorieuse femme, ayant ainsi obtenu la permission de ses deux parents, se mit en marche avec son mari joyeux, mais elle avec un cœur agité.

La jeune femme aux grands yeux vit les forêts variées et désertes remplies de troupes de paons qui les faisaient résonner de leurs cris aigus. Elle vit aussi des fleuves aux ondes limpides, et les plus beaux arbres tout couverts de fleurs. — *Regarde*, dit SATYAVÂN à SÂVITRÎ avec une douce voix.

Elle vit, la jeune femme honorée, son mari debout, bien portant, lui dont elle croyait que l'heure de la mort était venue, en se rappelant les paroles du religieux NÂRADA. Elle continua sa marche qu'elle trouvait facile en suivant son mari, ayant le cœur comme partagé en deux en pensant au moment fatal.

Voilà le quatrième chant de l'épisode de SÂVITRÎ.

CINQUIEME CHANT

Le vaillant SATYAVÂN, accompagné de sa jeune épouse, cueillit des fruits dans la forêt, en remplit une corbeille et fendit du bois avec sa hache. La sueur couvrit bientôt son corps par la fatigue qu'il éprouva en fendant le bois, et à la suite de cette lassitude il lui naquit une douleur de tête.

Il s'approcha de son épouse chérie et il lui dit, tout accablé de fatigue : — O SÂVITRÎ! mes membres sont comme brûlants ainsi que mon cœur ! Je ne me sens pas bien, ô toi qui parles avec mesure ! C'est pourquoi je désire dormir, ô ma belle ! je n'ai plus la force de me tenir debout.

SÂVITRÎ, s'approchant de son époux, s'assit auprès de lui, et elle lui posa la tête sur son sein. Et la jeune anachorète, se rappelant les paroles de NÂRADA, crut le moment, l'instant, le terme fatal arrivé. Elle vit aussi dans le même instant un homme couvert de vêtements rouges, ayant les cheveux frisés, un visage agréable et resplendissant comme le soleil. Il avait le visage noir et jaune, les yeux rouges, et portait une corde à la main ; figure à l'aspect redoutable, se tenant debout à côté de SATYAVÂN qu'il contemplait d'un regard avide.

Dès que SÂVITRÎ l'eut aperçu, elle se leva aussitôt, après avoir déposé doucement la tête de son époux qu'elle tenait sur son sein ; et, les mains jointes comme une suppliante, le cœur tout troublé, elle lui parla ainsi :

— Je te reconnais pour un Dieu, car cette forme que tu portes n'est point celle d'un mortel ; dis-moi qui tu es, ô le plus puissant des dieux ! et quelle action tu es venu accomplir ?

— Tu es dévouée à ton époux, SÂVITRÎ ! lui dit l'étranger, et tu es aussi vouée aux austérités ; c'est pour cela que je te répondrai. Sache, ô belle jeune femme! que je suis YAMA (le dieu de la mort).

La vie de ton époux SATYAVÂN est accomplie, ô fille royale! Sache qu'après l'avoir entouré d'un lien, je vais l'emmener avec moi dans mon royaume.

SÂVITRÎ : Écoute, ô toi qui jouis de la félicité suprême! on dit que ce sont ordinairement tes messagers qui emmènent les hommes ; pourquoi es-tu venu toi-même aujourd'hui, ô le plus puissant des dieux?

Le roi des mânes étant ainsi interrogé, commença, plein de compassion pour SÂVITRÎ, à lui faire connaître son dessein :

— Ce jeune homme, beau, vertueux, et qui est une mer d'excellentes qualités, n'aurait pas été honoré d'être emmené par mes serviteurs ; c'est pourquoi je suis venu moi-même le chercher. —

Ensuite YAMA, ayant fait sortir du corps de SATYAVÂN un esprit de la grandeur d'un pouce [1], il le lia fortement avec une corde : alors la vie s'était retirée du corps de SATYAVÂN, la res-

---

[1] La philosophie indienne attribue à l'âme un corps subtil extrêmement ténu qui sert de lien, ou d'intermédiaire entre l'âme purement spirituelle et le corps grossier : c'est ce petit corps qui est le siége de toutes les impressions des sens.

piration avait disparu, le regard était éteint, et ce corps inanimé, sans mouvement, était pénible à voir. Mais YAMA se dirigea avec l'esprit qu'il avait lié du côté des régions méridionales.

Et SÂVITRÎ, accablée de douleur, suivit YAMA, l'heureuse jeune femme qui, toujours fidèle et dévouée à son époux, avait supporté pour lui les privations et les austérités les plus rigoureuses.

Mais YAMA l'arrêtant : — Retourne sur tes pas, va-t'en, SÂVITRÎ ! Va accomplir le sacrifice de ceux dont l'esprit corporel s'est élevé dans les régions supérieures. Tu as fait tout ce que tu pouvais faire pour ton époux ; tu es venue aussi loin que tu pouvais venir.

— Là où mon époux est conduit, lui dit SÂVITRÎ, ou bien là où il va lui-même, là aussi je dois aller ; c'est mon devoir éternel. Je t'en conjure, par les austérités de la pénitence, par la soumission, le respect envers les maîtres spirituels, par l'amour et mon dévouement pour mon époux, et par ta bienveillance pour moi, ne me défends pas de te suivre !

Les sages qui cultivent la vérité nomment l'amitié *Sâptapadam* (*ayant sept pas sur tout*); plaçant aussi l'amitié avant tout, je te dirai en deux mots, écoute ceci :

Les ignorants ne pratiquent la vertu, ni dans les forêts, ni dans leurs demeures : avec la science, les hommes pratiquent la vertu, qu'ils placent au-dessus de tout ; c'est pourquoi les bons nomment la vertu le souverain bien.

Dès l'instant qu'un des bons a connu la vertu, tous les autres, imitant son exemple, suivent le même chemin. Ils n'éprouvent, ni une seconde fois, ni une troisième fois, d'autres désirs. C'est pourquoi les bons nomment la vertu le souverain bien.

— Retourne sur tes pas, lui répondit YAMA ; je suis satisfait de ton discours, si brillant, si élevé, si bien pensé, si convenable ; choisis une grâce autre que la vie de ton époux, et je te l'accorderai aussitôt, toi qui n'es point méprisée.

— Mon beau-père a perdu son royaume ; il habite, privé de la vue, un ermitage dans la forêt ; qu'il recouvre la vue par ta faveur, ce prince fort, semblable au soleil éblouissant.

— Je te garantis, lui répondit YAMA, l'accomplissement de ton vœu, ô toi qui n'es point méprisée. Il sera fait comme tu le désires. Mais je remarque que les chemins, pour toi qui es fatiguée, sont très-difficiles ; retourne sur tes pas, va ! afin que tu n'éprouves pas une plus grande fatigue.

— D'où me viendrait donc cette fatigue, lorsque je me trouve avec mon mari? Là où va mon mari, là je dois aller aussi. Là où tu conduis mon mari, là est aussi mon chemin. Souverain des dieux ! écoute encore une fois mes paroles :

— Si on accorde une fois une communication avec les bons, une autre sera désirée, et encore une autre ; c'est là l'amitié, disent-ils ; et il n'est pas inutile d'avoir une communication avec les bons ; c'est pourquoi on reste dans l'union avec les bons.

— Les paroles que tu viens de prononcer, dit YAMA, dénotent des sentiments vertueux et une raison intelligente très-supérieure. Ces paroles ne seront pas sans fruit. A l'exception de la vie de SATYAVÂN, fais un second vœu, ô excellente femme ! et je l'exaucerai.

— Mon vénérable beau-père fut autrefois privé de son royaume, dit SÂVITRÎ. Qu'il le recouvre, ce prince, et qu'il ne s'écarte point de son devoir, mon père spirituel ; voilà le second vœu que je forme.

— Ce prince, répondit YAMA, recouvrera dans peu son royaume, et il ne s'écartera point de son devoir. Voilà ton vœu accompli par moi, ô fille royale ! Ainsi retourne sur tes pas, va ! afin que tu n'éprouves pas une plus longue fatigue.

SÂVITRÎ : — Les créatures sont enchaînées à ton pouvoir souverain ; c'est en les domptant que tu les gouvernes, car elles ne se soumettent pas de leur propre volonté. C'est pourquoi, ô Dieu ! tu es nommé YAMA, le Dompteur. Écoute encore ces paroles que je vais te dire :

« La bienveillance envers tous les
« êtres dans les œuvres, dans les pen-
« sées, dans les paroles,

« La miséricorde et la charité, sont la
« vertu éternelle des bons.

« Ainsi ce monde des humains est le
« plus souvent gouverné par la force ;

« Mais les bons s'interposent pour les
« ennemis qui obtiennent miséricorde. »

— Le discours que tu viens de prononcer, dit YAMA, est aussi agréable que l'eau pour un homme altéré. Excepté encore la vie de SATYAVÂN, choisis une faveur à ton gré, ô belle ! et tu l'obtiendras aussitôt.

— Mon père, le maître de la terre, est sans fils, dit SÂVITRÎ ; qu'il devienne encore père ; que cent fils, souches d'autant de familles, naissent à mon père ; voilà le troisième vœu que je forme.

— Que cent fils brillants, souches d'autant de familles, naissent à ton père, ô belle ! répondit YAMA. Ce vœu que tu as formé est accompli, ô fille de roi ! Retourne sur tes pas, car tu as encore un long chemin à faire.

— Ce chemin, répondit SÂVITRÎ, n'est pas long pour moi quand je suis avec mon époux, car mon amour pour lui est encore plus étendu ; mais en continuant notre marche, écoute de nouveau les paroles que je vais te dire :

Tu es le fils du soleil qui échauffe toute la nature ; c'est pour cela que les sages te nomment *Vaivasvata*, « descendant du soleil » ; c'est par la justice que tu gouvernes les créatures, ô maître ! c'est pourquoi l'on te nomme aussi DHARMA-RADJA, « roi de la justice. »

« L'homme n'a pas autant de con-
« fiance en lui-même que dans les
« bons ;

« C'est pourquoi il désire surtout l'af-
« fection des bons.

« De la bienveillance envers tous les
« êtres naît nommément la confiance ;

« C'est pourquoi les humains pla-

« cent surtout leur confiance dans les
« bons. »

— Les paroles que tu viens de prononcer, ô belle jeune femme! répondit Yama, sont telles que je n'en ai pas encore entendu de semblables. J'en suis vivement satisfait. Excepté la vie de Satyavân, choisis une quatrième grâce, et va-t'en.

— Qu'une centaine de fils aimables, dit Sâvitrî, souches d'autant de familles, forts, magnanimes, naissent de moi et de Satyavân ; voilà la quatrième grâce que je choisis.

— Cent fils puissants, courageux et vaillants, la joie de ton cœur, te naîtront, ô jeune femme! répondit Yama. Afin que tu n'éprouves pas trop de fatigue, ô fille de roi! retourne sur tes pas, car il te reste encore un long chemin à faire.

Sâvitrî : — La conduite des bons est toujours dans le chemin de la vertu; les bons ne s'affaissent point, ne souffrent point; la réunion des bons avec les bons n'est pas infructueuse : les bons n'inspirent pas de crainte aux bons.

Car les bons conduisent le soleil par la vérité; les bons soutiennent la terre par la pénitence et les austérités ; les bons sont le chemin ou la voie des êtres à venir, ô roi! Et au sein des bons ne se flétrissent point les bons.

« Cette vénérable conduite, ces ha-
« bitudes honorables seront à jamais
« distinguées.

« Les bons, agissant pour le bien des
« autres, n'ont pas en vue un bienfait
« réciproque. »

Les faveurs que l'on accorde aux humains ne sont pas vaines; le bienfait ne s'efface point, ni l'honneur qui y est attaché. Autant l'empire de mortifications et d'austérités que les bons exercent sur eux-mêmes est durable, autant les bons sont les sauveurs des hommes.

— Plus tu parles, ô toi dont l'âme est douée de toutes les vertus, de toutes les grâces! toi, à la démarche si gracieuse, si pleine de majesté! plus ma déférence pour toi s'augmente, répondit YAMA; choisis une faveur incomparable, ô femme fidèle à ton époux!

SÂVITRÎ : — Tu ne m'as pas ôté la faculté de former toutes sortes de vœux comme pour les autres grâces que tu m'as accordées, ô toi qui donnes la gloire! voici le vœu que je forme : *Que mon* SATYAVÂN *vive!* car sans mon époux je suis moi-même comme privée de la vie. Je ne désire aucune joie sans mon époux; sans mon époux je ne désire pas même le ciel; je ne désire aucun plaisir sans mon époux; privée de mon époux, je n'ai pas la volonté de vivre.

Tu m'as accordé la faveur d'obtenir cent fils, et mon époux me serait ravi! Je choisis cette faveur : *Que mon* Satyavân *vive!* Ainsi se vérifiera ta parole d'obtenir cent vaillants fils.

— *Il en sera ainsi*, répondit Yama le fils du soleil, en déliant la corde qui liait l'esprit de Satyavân; et le roi de la justice, le cœur plein de joie, dit à Sâvitrî :

— Je te rends ton époux, ô toi, excellente femme, qui es la joie des familles ! Ton mari te sera rendu tout entier, sain et heureux. Il parviendra avec toi à un âge de quatre cents ans, et il obtiendra un grand renom dans le monde par ses vertus et l'accomplissement des sacrifices.

Avec toi SATYAVÂN donnera naissance à cent fils, et ces fils seront tous rois, guerriers, donnant naissance à leur tour à des fils et à des petits-fils.

Ces années immortelles accordées à ton époux et à toi seront nommées de ton nom. Il naîtra cent fils à ton père et à ta mère.

Ils seront nommés MÂLAVÎ, MÂLAVÂ, ou descendants de MÂLAVÎ et de MÂLAVÂ, ayant des fils et des petits-fils ; tes frères seront de la caste des *Kchatriyas* (ou guerriers), et semblables aux treize dieux secondaires. —

Le roi de la justice ayant ainsi accordé ces grâces à SÂVITRÎ, il la fit retourner sur ses pas, et lui, de son côté, se rendit à son palais.

Mais SÂVITRÎ, ayant suivi YAMA, avait recouvré son époux. Elle se rendit ensuite là où était resté le corps inanimé de cet époux. L'ayant vu étendu sur la terre, elle s'approcha de lui, le prit dans ses bras, et plaçant la tête sur son sein, elle s'assit près de lui.

Satyavân, ayant repris connaissance, il raconta à Sâvitrî comment il était revenu de son voyage; et ne cessant de la contempler avec amour, il lui dit :

— J'ai été longtemps endormi; pourquoi ne m'as-tu pas réveillé? Où est cet homme noir qui me traînait après lui?

— Tu as longtemps dormi sur mon sein, ô le premier des hommes! lui répondit Sâvitrî; le dieu Yama, le dompteur des créatures, est parti. Tu es délivré de ta lassitude, ô mon bien-aimé! et tu n'as plus sommeil, ô fils de roi! Si tu peux te soulever, regarde la nuit noire, ténébreuse.

Satyavân, ayant repris connaissance et s'étant levé comme d'un heureux sommeil, après avoir contemplé la nature et les détours des forêts, dit :

— Je suis venu ici pour cueillir des fruits avec toi, qui as une taille ravissante, et pendant que j'étais à fendre du bois j'ai ressenti un violent mal de tête. Tourmenté par ce mal de tête, et ne pouvant me tenir debout plus longtemps, je me suis endormi sur ton sein, voilà tout ce dont je me souviens.

ô belle ! Mon esprit aura été arraché à mon sommeil protégé par toi ; car je voyais un homme puissant, redoutable, dans une obscurité terrible. Oh ! si tu sais quel était cet homme, toi qui as une taille ravissante, dis-le-moi, l'ai-je vu seulement en rêve, ou si c'est en réalité?

Alors SÂVITRI lui dit : — La nuit s'obscurcit de plus en plus ; demain je te raconterai tout, comme cela est arrivé, ô fils de roi !

Lève-toi ! lève-toi ! Salut à toi ! Pense à nos parents, ô fidèle ami ! obscure est cette nuit, et le soleil n'est pas encore de retour sur l'horizon.

Les voyageurs de nuit (ou les bêtes fauves) errent autour de nous, tout joyeux, et poussant des cris qui inspirent l'effroi. On entend les frémissements des feuilles causés par les bêtes fauves qui marchent dans la forêt.

Ces chacals qui tournent des régions méridionales aux régions occidentales hurlent avec des cris aigus et terribles ; ils me glacent le cœur de terreur.

— La forêt, dit SATYAVÂN, est redoutable à voir, enveloppée qu'elle est dans une obscurité sinistre ; tu ne peux reconnaître le chemin ni retourner à l'ermitage.

— Aujourd'hui même, répondit Sâ-vitrî, la forêt s'est enflammée : un arbre desséché brûle encore ; excitées par le vent, on voit çà et là briller quelques étincelles. J'irai y chercher du feu et j'en rallumerai la flamme. Il y a ici du bois ; dissipe ton chagrin. Si tu ne peux pas retourner à l'ermitage, alors je vois que tu es malade ; et si tu ne peux reconnaître le chemin, c'est que la forêt est enveloppée de ténèbres.

Demain matin, lorsque la forêt sera éclairée par le jour, nous nous en retournerons selon ton désir. Demeurons ici cette nuit, si cela te convient, ô toi qui es sans péché !

— Mon mal de tête a disparu, dit Satyavân, je sens mes membres bien portants ; je désire, par ton secours, me retrouver avec ma mère et mon père, car je ne suis point retourné à l'ermitage avant le crépuscule, et avant la fin du soir il faut que je sois de retour près de ma mère. Plusieurs jours se sont écoulés depuis mon départ ; mes vénérables parents s'affligent de mon absence, et mon père me cherche avec les habitants de l'ermitage.

Mon père et ma mère, très-affligés de mon départ, me diront aussitôt qu'ils me verront paraître : *Tu reviens bien tard.*

Dans quel état se trouvent-ils maintenant à cause de moi? Voilà la pensée qui m'absorbe; car en ne me voyant pas revenir, un grand chagrin a dû s'emparer d'eux.

Autrefois ces deux vieillards, veillant au milieu de la nuit, me dirent aussi, très-affligés et émus de tendresse : « Privés de toi, petit enfant, nous ne pourrions vivre un instant : aussi longtemps que tu vivras, aussi longtemps, enfant, la vie nous est assurée.

« Tu es l'appui, le soutien de deux vieillards, dont l'un est aveugle; c'est sur toi que repose désormais notre famille, le soin d'offrir des oblations à nos aïeux, la gloire et notre postérité. »

Ma mère est âgée et mon père est aveugle; je suis leur seul soutien : ces deux vieillards ne me voyant pas arriver à l'heure accoutumée, dans quel chagrin ne sont-ils pas tombés? Je maudis le sommeil à cause duquel mon père et ma mère sont tombés dans l'inquiétude à mon égard.

Et moi aussi j'éprouve de l'inquiétude à cause de ce fatal événement; privé de ma mère et de mon père, je ne pourrais supporter la vie.

Sans doute que maintenant mon père aveugle, l'esprit troublé, interroge, l'un après l'autre, les habitants de l'ermitage.

Je ne me plains pas, moi; mais je plains mon père, ô belle! je plains ma mère qui suit son époux, toute faible et souffrante.

Aujourd'hui, à cause de moi, ils éprouvent une immense douleur; s'ils vivent encore, je vivrai aussi; *ils doivent être soutenus par moi;* et j'aurai du plaisir à leur prouver que je connais mon devoir. —

Ainsi parla le jeune homme, pénétré de ses devoirs, révérant ses parents et aimé par eux. Ensuite, élevant les deux mains en haut, il pleura beaucoup, absorbé dans sa douleur. Alors la vertueuse Sâvitrî, voyant son époux accablé de chagrins, lui parla ainsi en essuyant doucement les larmes qui coulaient de ses yeux.

— Si je me suis livrée aux exercices de la pénitence, si j'ai exercé la charité, si j'ai offert les sacrifices prescrits, qu'une heureuse nuit soit accordée à ma belle-mère, à mon beau-père et à mon époux! Je ne me souviens pas d'avoir jamais dit, de propos délibéré, une parole mensongère ; c'est par cette vérité que peuvent subsister aujourd'hui ma belle-mère et mon beau-père.

— Je désire voir mes parents, dit SATYAVÂN. Va, SÂVITRÎ, hâte-toi, afin que je puisse contempler avant de mourir les regrets de mon père et de ma mère ; car, en vérité, ô toi qui as une si belle attitude ! je me sens mourir.

Si ton esprit se dirige par la justice et que tu désires me voir vivre, en faisant pour moi quelque chose d'agréable, rendons-nous tout de suite au plus heureux des ermitages. —

SÂVITRÎ se leva aussitôt, et ensuite l'heureuse jeune femme ayant rassemblé ses cheveux épars, elle aida son époux à se lever en le prenant dans ses bras.

Après avoir aidé SATYAVÂN à se lever, elle lui caressa doucement les membres avec la main ; ensuite SATYAVÂN ayant jeté un coup d'œil sur toute la nature, il regarda sa corbeille. Mais SÂVITRÎ lui dit : — Demain matin tu cueilleras des fruits ; aujourd'hui, comme tu es encore faible, je porterai la hache.

Ayant aussitôt suspendu à un rameau d'arbre le poids de la corbeille, elle prit la hache de son époux, et elle le suivit, brillante de plaisir. Mais la belle jeune femme posa sur son épaule gauche le bras gauche de son mari, et l'entourant de son bras droit, elle continua son chemin avec une ravissante démarche.

SATYAVÀN lui dit : — Comme j'ai souvent parcouru ces sentiers, ô femme timide! je les connais parfaitement. A la clarté de la lune qui brillait à travers les branches des arbres, j'ai distingué par quels sentiers nous sommes venus, et dans quel endroit nous avons cueilli des fruits. Suis, ô mon amie ! le sentier par lequel nous sommes venus, et n'aie point d'hésitation.

Là, près des arbres *palâça,* le chemin se partage en deux : prends celui qui se dirige vers le nord, et hâte-toi ! Je suis bien maintenant, je suis fort ; je désire ardemment voir mon père et ma mère.

En parlant ainsi il se dirigea avec empressement vers l'ermitage.

Voilà le cinquième chant de l'Épisode de SÂVITRÎ.

SIXIEME CHANT

Pendant ce temps-là, DYOUMATSÉNA le fort avait recouvré la vue et voyait tous les objets. Ce vieillard, ayant parcouru tout l'ermitage avec son épouse SAIVYÂ, était grandement affligé de l'absence de son fils. Visitant les divers réduits de l'ermitage, les fleuves, les bosquets, les lacs ou étangs consacrés, ces deux époux ne cessèrent d'errer pendant la nuit à la recherche de leur fils.

Mais ayant entendu un son produit

par hasard, ils s'écrièrent aussitôt, présumant qu'il sortait de la bouche de leur fils : — *C'est* SATYAVÂN *qui revient accompagné de* SÂVITRÎ ! dirent-ils.

Blessés, les pieds couverts de sang, les membres déchirés par l'herbe *kousa* et par les épines, ils erraient de telle façon qu'on les eût pris pour des insensés. Alors ils furent accostés par tous les Brâhmanes qui habitaient l'ermitage ; ceux-ci les entourèrent, les consolèrent et les reconduisirent à leur demeure.

Là, DYOUMATSÉNA, accompagné de son épouse et entouré des sages vieillards riches en vertus, fut distrait par des histoires très-variées des anciens rois.

Mais les deux vieillards, après avoir été consolés par l'espérance de revoir leur fils, retombèrent dans la douleur en se rappelant les actions de sa jeunesse ; et ils tinrent de nouveau ce triste discours, accablés de chagrins : — *Ah! fils,* — *ah! excellente épouse,* — *où es-tu ?* — *où es-tu ?* s'écrièrent-ils.

— Il est aussi vrai, dit le Brâhmane SOUVARTCHA, que son épouse SÂVITRÎ pratique la dévotion, la mortification et les austérités dans sa conduite, qu'il est vrai que SATYAVÂN vit.

J'ai lu les *Vêdas*, les *Angas*, dit GAUTAMA, et j'ai exercé de grandes austérités ; ma jeunesse a été chaste, ce qui a fait la joie de mon maître spirituel et du dieu AGNI.

J'ai soigneusement rempli tous mes vœux ; j'ai observé les jeûnes prescrits, ne me nourrissant que d'air ; et je me suis toujours conformé à la règle.

Au moyen de ces austérités je connais toutes les pensées et les destinées des humains. Mais toi, retiens bien cette vérité : SATYAVÂN vit.

— Les paroles qui sont sorties de la bouche du contemplatif sont aussi vraies qu'il est vrai que SATYAVÂN vit, ajouta un disciple ; ses paroles ne sont jamais mensongères.

— Son épouse SÂVITRÎ, dirent les sages, est aussi véritablement distinguée par toutes les qualités qui ne sont point chimériques, qu'il est vrai que SATYAVÂN vit.

— Il est aussi vrai, continua BHARADHVADJA, que son épouse SÂVITRÎ pratique les devoirs de la pénitence et de la mortification, qu'il est vrai que SATYAVÂN vit.

— Il est aussi vrai, ajouta DÂLYA en s'adressant au vieillard, que la vue t'est revenue, qu'il est vrai que SÂVI-

TRÎ a rempli son vœu ; il est aussi vrai qu'elle a pris de la nourriture qu'il est vrai que SATYAVÂN vit.

— Il est aussi vrai, reprit MANDA-VYA, que dans les retraites tranquilles de ces forêts, les bêtes fauves et les oiseaux sauvages poussent des cris ; il est aussi vrai que tu passes ici ta vie royale, qu'il est vrai que SATYAVÂN vit.

— Il est aussi vrai, poursuivit DHAUMYA, que ton fils, l'amour des peuples, est doué de toutes les vertus ; il est aussi vrai qu'il porte les signes d'un long âge, qu'il est vrai que SATYAVÂN vit. —

Ainsi consolé par ces véridiques pénitents, DYOUMATSÈNA, les considérant les uns après les autres, devint comme immobile.

Alors à cet instant même, SÂVITRÎ, accompagnée de SATYAVÂN, arriva à l'ermitage, la nuit étant avancée, pleine de joie et de bonheur.

Les Brâhmanes dirent en s'adressant à DYOUMATSÈNA :—Réuni à ton fils, jouissant maintenant de la vue, nous demandons tous pour toi le bonheur, ô maître de la terre ! Par le retour de ton fils, par l'aspect de SÂVITRÎ, ainsi que par le recouvrement de la vue, tu es heureux d'un triple bonheur. Ainsi tout ce que nous avons dit se trouve complétement vérifié ; ton bonheur s'accroîtra bientôt de plus en plus.

Après avoir allumé du feu à l'ermitage, tous les Brâhmanes se réunirent autour de DYOUMATSÊNA, le maître de la terre. SAIVYÂ, ainsi que SATYAVÂN et SÂVITRÎ, qui restaient isolés, invités par les Brâhmanes, s'assirent délivrés de toute peine. Alors tous les habitants de la forêt, assis avec le roi, la joie sur le visage, interrogèrent en ces termes le fils du souverain des hommes :

— Pourquoi n'es-tu pas revenu plus

tôt avec ton épouse, ô excellent jeune homme? Pourquoi arrives-tu si tard dans la nuit avancée? Quel est le motif qui t'a retenu? Ton père, ta mère, nous-mêmes aussi, ô prince! nous étions tous désolés de ton absence; apprends-nous ces motifs que nous ignorons.

— Autorisé par mon père, répondit SATYAVÂN, je suis sorti accompagné de SÂVITRÎ; mais il m'est survenu une grande douleur de tête, tandis que je coupais du bois dans la forêt. J'ai sommeillé, j'ignore combien de temps; je sais seulement que jamais auparavant je n'avais été si longtemps endormi. Mais tout cela ne doit point vous affliger. Il n'existe pas d'autre cause de mon retour tardif au milieu de la nuit avancée.

— La vue est subitement revenue à DYOUMATSÈNA ton père, dit GAUTAMA; si tu n'en connais pas la cause, SÂVITRÎ te l'apprendra. Je désire t'entendre, ô SÂVITRÎ! car tu connais le passé et l'avenir. Je sais que tu es resplendissante comme la déesse SÂVITRÎ. Tu sais pourquoi DYOUMATSÈNA a recouvré la vue; ainsi donc, dis-nous la vérité. Si tu n'as point en cela de secret à observer, raconte-nous la cause de l'événement.

— Vous savez déjà tout, répondit Sâvitrî; votre supposition n'est point fausse. Je n'ai point de secret à cacher; écoutez donc ce qui est la vérité :

La mort de mon mari m'avait été prédite par Nârada, le grand prophète; l'instant fatal était arrivé aujourd'hui; c'est pourquoi je ne l'ai point quitté. Yama, avec ses serviteurs, s'approcha tout à coup de Satyavân au moment où il venait de s'endormir. Il l'entraînait, attaché à une corde, dans les régions habitées par les mânes des ancêtres. Mais j'ai supplié ce Dieu avec des paroles véridiques. Cinq grâces m'ont été accordées par lui; apprenez-les de ma bouche :

J'ai obtenu le recouvrement de la vue et de son royaume pour mon beau-père; à mon père seront accordés cent fils, et cent à moi; et j'ai aussi obtenu une vie de quatre cents ans pour mon époux; car pour obtenir la vie de mon époux j'avais formé un vœu austère.

Je vous ai raconté la vérité tout entière; ce grand chagrin que j'éprouvais de perdre mon époux devient une grande joie pour moi dans l'avenir.

Et les sages dirent : — La famille du prince des hommes, plongée dans les calamités, au sein d'un abîme ténébreux, en a été retirée par toi, ô excellente femme ! douée de vertu, adonnée à la pratique de la pénitence et aux mortifications des sens!

Après que les sages rassemblés eurent ainsi loué et honoré la plus vertueuse des femmes, et qu'ils eurent salué le prince des hommes avec son fils, ils se retirèrent tout joyeux dans leur retraite.

Voilà le sixième chant de l'Épisode de SÂVITRÎ.

La nuit s'étant écoulée et le globe du soleil s'étant levé avec l'éclat d'un beau matin, tous les religieux anachorètes se réunirent ensemble à l'ermitage. Mais les sages royaux ne se lassèrent pas de raconter sans cesse à DYOUMATSÊNA la grande félicité que SÂVITRÎ avait obtenue.

Bientôt les sujets du roi arrivèrent

de *Sâlva*, et rapportèrent que chacun de ses ennemis avait été mis à mort par ses ordres.

On leur avait reporté que le roi DYOUMATSÊNA avait été tué avec ses compagnons et ses alliés, comme eux lui rapportaient maintenant la dispersion de l'armée ennemie. Une seule pensée était dans les esprits, concernant le roi : *Voyant ou aveugle, qu'il soit notre roi*, disaient-ils.

Nous avons été envoyés avec cette résolution, ô prince des hommes ! Ces voitures attelées, ces équipages et ton armée, formée en quatre angles, sont venus ici pour toi.

Viens, ô roi ! salut à toi ! bonheur à toi ! un triomphe joyeux t'attend dans ta ville, depuis longtemps la possession de tes ancêtres !

Mais ayant remarqué que le roi avait recouvré la vue et qu'il était doué d'une nouvelle jeunesse, ils inclinèrent tous la tête, en ouvrant de grands yeux d'étonnement.

Alors le roi ayant salué, en s'inclinant, ces vieux Brâhmanes qui habitaient l'ermitage, et ayant reçu leurs hommages, il se dirigea vers la ville, accompagné de SAIVYÂ et de SÂVITRÎ. Il se mit en marche, porté en triomphe par une foule de peuple qui traînait le char au milieu de son armée.

Alors les prêtres officiants, remplis de joie, sacrèrent, par des onctions, le roi DYOUMATSÊNA, et ils oignirent aussi son fils, le magnanime héritier présomptif de la couronne.

Ensuite, de SÂVITRÎ naquirent avec le temps cent fils qui augmentèrent sa gloire, semblables aux dieux, et ne reculant devant aucun danger. Elle eut aussi cent frères charmants et vigoureux, fils d'AÇVAPATI, roi de Madras, et de MALAVÎ.

Ainsi elle-même, son père, sa mère, sa belle-mère et son beau-père, avec toute la famille de son mari, furent délivrés de leurs peines fatales par SÂVITRÎ. Ainsi de même cette excellente et juste SÂVITRÎ, douée de toutes les qualités, vous sauvera tous, comme la déesse SÂVITRÎ.

VAISAMPÂYANA dit : — Ainsi les *Pândouides* (ou les descendants de PANDOU), honorés par le magnanime MÂRKANDÊYA, demeurèrent dans la forêt de *Kâmyaka*, et furent délivrés de leurs peines et de leurs chagrins.

Quiconque aura écouté avec respect cette admirable histoire de SÂVITRÎ, celui-là, heureux et plein de joie, en possession de tous les biens, cessera d'éprouver des peines.

Voilà la fin de l'Épisode de SÂVITRÎ, *tiré du Mahâbhârata.*

ILLUSTRATIONS.

	Dessin.	Grav.	Pages
	M.	M.	
FRONTISPICE, GRAVURE A L'EAU-FORTE.	Féart.	Féart.	En regard du titre.
SAVITRI.	Id.	Laisné.	1
ASVAPATI ET LA DÉESSE. .	Id.	Id.	3
SAVITRI DEVANT SON PÈRE.	Id.	Id.	9
SAVITRI PRÉSENTÉE A DYOUMATSENA.	Id.	Id.	15
EXPIATION DE SAVITRI. . .	Id.	Id.	19
MORT DE SATYAVAN. . . .	Id.	Id.	25
YAMA REND LA VIE A SATYAVAN.	Id.	Id.	34
RETOUR DES JEUNES ÉPOUX.	Id.	Id.	42
DYOUMATSENA ET SES AMIS.	Id.	Id.	

www.ingramcontent.com/pod-product-compliance
Lightning Source LLC
LaVergne TN
LVHW051513090426
835512LV00010B/2504